Ich bin ein Wunder

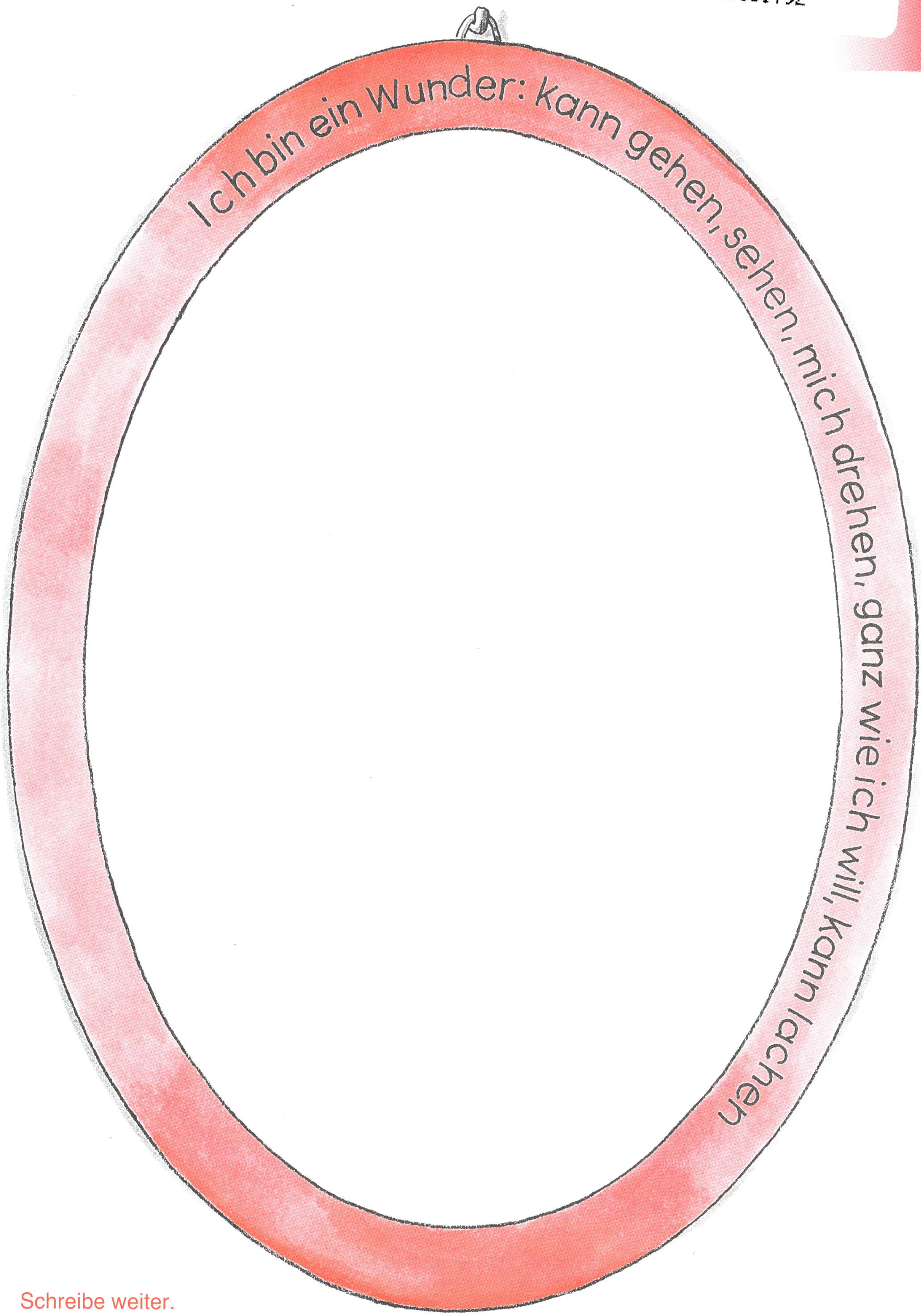

Schreibe weiter.
Was magst du an dir?
Male dich oder klebe ein Foto ein.

Aufpassen

Jeder muss lernen,
sich anzupassen,
aber gleichzeitig aufpassen,
dass er nicht verpasst
zu sagen:
Das passt mir nicht!

Hans Manz

Schreibe oder male Situationen, in denen du schon einmal gesagt oder gedacht hast:
„Das tue ich bestimmt nicht!" Umrande diese Felder rot.
„Das muss ich wohl tun!" Umrande diese Felder grün.

Wie andere mich sehen

Was denken andere von dir? Bitte sie, die Blütenblätter auszufüllen.
Du kannst die Blütenblätter farbig malen. Welche sind dir besonders wichtig?

Ohne Fleiß kein Preis

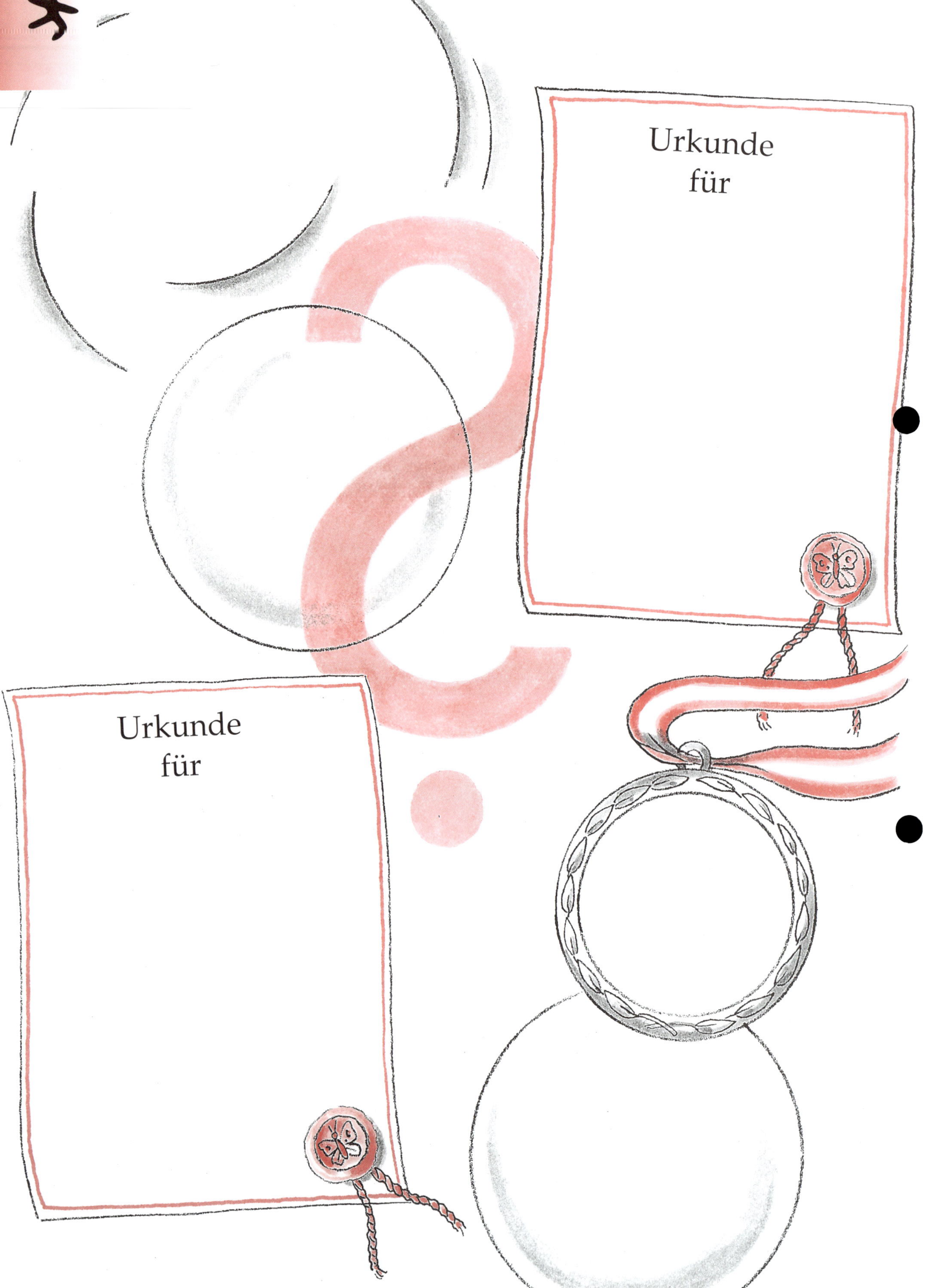

Was hast du durch viel Fleiß erreicht?
Was ist dir noch nicht so gelungen?

Wunder des Alltags

Ein Mädchen
war im Schwimmbad vom Brett gesprungen,
wieder hochgekommen
und hatte entsetzt den Mund aufgesperrt.
Es hatte bei seinem mutigen Sprung
den ersten Zahn verloren,
und der war ihm sehr viel wert.

Ein Junge,
dems vor dem Wasser grauste,
war ins verhasste Bad gerutscht,
hatte den Kopf ins Nass getaucht
und gleich zu suchen begonnen.
Er war – mit der Hand am Grunde tastend –
dem Zahn bald auf die Spur gekommen.

Da hatten beide etwas gewonnen.

Hans Manz

Mein Alltagswunder:

Mondsplitter auf dem Dach

Eines Abends saßen Hündchen Bello und Kater Morle auf der Bank und erzählten sich Märchen. Plötzlich stieß Morle das Hündchen an und flüsterte ihm ins Ohr:
„Schau auf das Dach des Nachbarhauses ...“
„Na und, ein ganz gewöhnliches Dach ... mit Ziegeln.“
„Schau genauer hin!“
„Wie oft soll ich da noch hinschauen? Ein Dach wie alle anderen. Was soll man da in der Dunkelheit schon erkennen?“
„Siehst du den Schornstein?“ Morle gab keine Ruhe.
„Ja, den Schornstein sehe ich. Da steigt Rauch auf.“
„Und neben dem Schornstein? Was siehst du dort?“
„Oh! Da glänzt etwas!“
„Na endlich hast du es entdeckt!“
Da streckten sie alle beide ihre Hälse und erblickten über dem Dach den hellen zitronengelben Mond.
„Morle! Vielleicht ist vom Mond ein Stückchen abgebrochen und aufs Dach gefallen?“, sagte Bello träumerisch.
„Vielleicht“, stimmte Morle zu. „Das kann wirklich ein kleiner Mondsplitter sein. Der ist heruntergefallen und glänzt nun ...“

Michail Pljatzkowski

Male deine Träume in die Mondsplitter.
Magst du einen Traum erzählen?

Träumen

Klebe die Seite auf Pappe und schneide dann die Teile aus.
Kannst du ein Herz legen? Bestimmt findest du noch andere Formen.

Gaben und Aufgaben

Gaben sind Geschenke, die du bekommen hast.

Aufgaben sind Geschenke, die du austeilen kannst.

Ich habe eine gute Stimme → und singe im Chor mit.

Ich kann gut fangen → und spiele im Tor.

Trage ein, worin du gut bist → und was auch anderen zugute kommen kann.

Meine zweimal geplatzte Haut

ICH KÖNNTE PLATZEN.
AUS ALLEN NÄHTEN KÖNNTE ICH
PLATZEN VOR WUT.

Meine Hände winken.

Meine Stimme bebt.

Meine Haut tut mir weh von so viel Wut.

Ich fühle mich krank in meiner Haut,

weil du so lieb zu mir warst.

ICH KÖNNTE PLATZEN.
AUS ALLEN NÄHTEN KÖNNTE ICH
PLATZEN VOR LUST.

Meine Hände zittern.

Meine Haut kribbelt von so viel Lust.

Meine Stimme lacht.

Ich fühle mich toll in meiner Haut,

weil du so bös zu mir warst.

Hanna Hanisch

Die Zeilen sind durcheinander geraten.
Male gelb an, was mit Lust zu tun hat. Male dann rot an, was mit Wut zu tun hat.
Schreibe die zwei Strophen auf ein Blatt und gestalte es.

Sich verstellen

Der Esel mit der Löwenhaut kam zu den Schlangen.

(gekürzt)

Manchmal ist es gar nicht einfach, bei der Wahrheit zu bleiben. Sich verstellen oder schwindeln hat auch Vorteile:

Und die Nachteile?

Was tun?

Und wenn einer kommt

Er hat einen Hut, hat auch Schlips und Schuh und Jacke an.
Er ist ein feiner Mann, nicht wahr, der Herr Ivo?
Oder tut er nur so?

Und dieser Mann dort heißt Tono.
Mit seinem roten wilden Schal und seinem schwarzen Bart sieht er zum Fürchten aus.
Dreh dich mal um, du, Herr Tono, du bist doch böse, nicht wahr? Oder tust du nur so?

Und wenn einer kommt, und wir wissen nicht wer,
dann sagen wir gleich:

Dreh dich mal um.
Zeig dich mal her.
Bist du Ivo oder bist du Tono?

Elisabeth Borchers

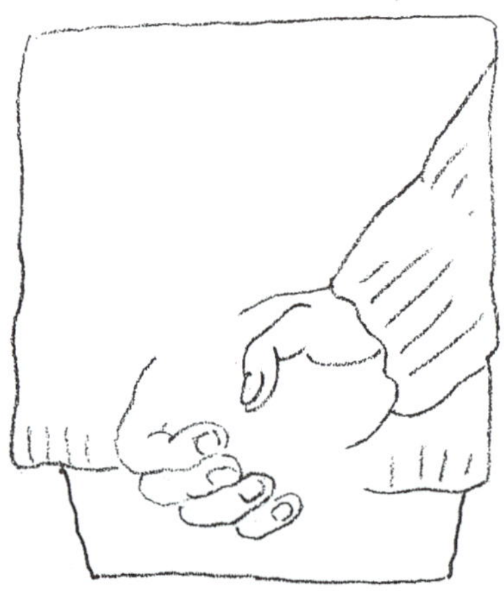

Was könnten sie hinter dem Rücken halten? Zeichne.
Ergänze die Geschichte. Die Ausschneideseite 61 hilft dir.

Ich wünsche mir so allerlei ...

... von anderen.

Trage ein.

Andere wünschen sich so allerlei ...

... von mir.

Trage ein.

Das Rätsel von der Zeit

Hör gut zu:
Drei Brüder wohnen in einem Haus,
die sehen wahrhaftig verschieden aus,
doch willst Du sie unterscheiden,
gleicht jeder den anderen beiden.
Der Erste ist nicht da, er kommt erst nach Haus.
Der Zweite ist nicht da, er ging schon hinaus.
Nur der Dritte ist da, der Kleinste der drei,
denn ohne ihn gäbs nicht die anderen zwei.
Und doch gibts den Dritten, um den es sich handelt,
nur weil sich der Erste in den Zweiten verwandelt.
Denn willst Du ihn anschaun, so siehst du nur wieder
immer einen der anderen Brüder!
Nun sage mir: Sind die drei vielleicht einer?
Oder sind es nur zwei? Oder ist es gar – keiner?
Und kannst du, mein Kind, ihre Namen mir nennen,
so wirst du drei mächtige Herrscher erkennen.
Sie regieren gemeinsam ein großes Reich –
und sind es auch selbst! Darin sind sie gleich.

Michael Ende

1. Bruder

2. Bruder

3. Bruder

Die Bilder helfen dir beim Lösen des Rätsels.

Auch du veränderst dich mit der Zeit. Male oder klebe.

Das Lied des Fröschleins

Springinsfeld, das grüne Fröschlein, wohnte im Teich. An den Abenden sang es gern. Nur war es immer ein und dasselbe Lied, es hatte es selbst verfasst:

Das grüne Fröschlein hatte eine Freundin, die gelbe Seerose. Sie war eine gute Freundin, doch sehr neugierig. Es verging kaum ein Tag, wo sie dem Fröschlein keine klugen Fragen stellte. Er seinerseits versuchte auch, sie klug zu beantworten.

„Warum bist du grün?“, fragte die gelbe Seerose.
„Weil ich nicht blau bin“, antwortete Springinsfeld.
„Warum bist du so klein?“
„Weil ich von kleinem Wuchs bin.“
„Fröschlein, sage mir, wo ist es besser: auf der Erde oder im Wasser?“
„Ich fühle mich überall wohl. Hauptsache, ich komme dem Reiher nicht unter die Augen, sonst frisst er mich.“
Wer weiß, wie viel verschiedene Fragen die gelbe Seerose dem Fröschlein noch gestellt hätte, aber eines Tages verhedderte sie sich an einem fremden Ruder. Das fremde Ruder trug die gelbe Seerose fort. Das grüne Fröschlein aber hörte auf, sein Lied zu singen.

Michail Pljatzkowski

Das Leben des Frosches hat sich verändert. Schreibe die Geschichte weiter.

Ich denke nach

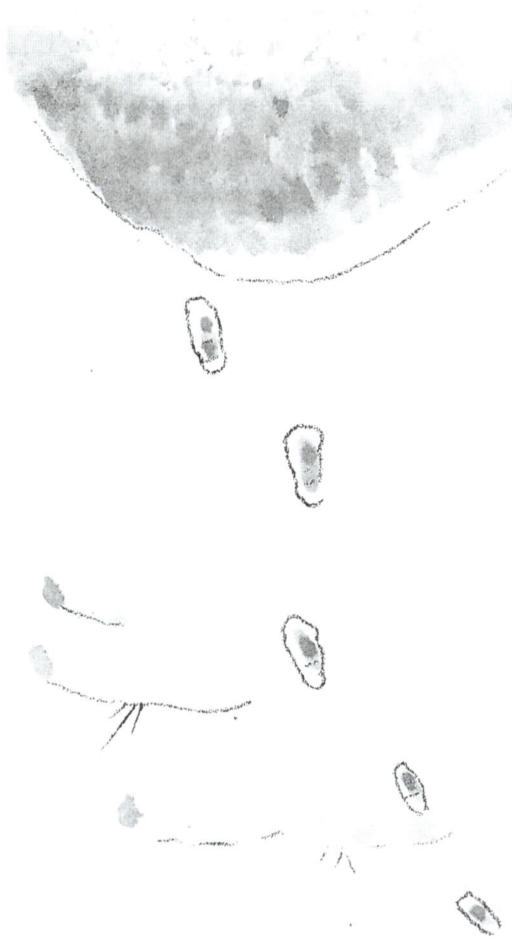

Oft erzählt Mutter von früher.
Sie erzählt, was ich alles angestellt habe,
als ich noch ganz klein war.
Sie erzählt, wie sie mich bekommen hat,
wie ich laufen gelernt habe
und was für Fragen ich gestellt habe.
Da müssen wir immer lachen.

Jetzt bin ich schon größer.
Ich kann schon lesen, schreiben und rechnen.
Vater sagt: Das ist wichtig für das spätere Leben.

Ob er Recht hat?
Eigentlich würde ich viel lieber spielen
als Hausaufgaben machen
und an das „spätere Leben" denken.

Auf jeden Fall möchte ich groß werden.
Und froh.
Wäre ich doch schon groß!

Doch manchmal habe ich auch etwas Angst.
Warum nur?

Günther Weber

Eigentlich würde ich viel lieber ______________________________

____

____

Auf jeden Fall möchte ich ______________________________

____

____

____

Doch manchmal habe ich auch etwas Angst. ____________

____

____

____

Peters Großvater ist tot

Der Großvater,
der ihn das Drachenbauen lehrte,
der ihm zeigte, wie man das Fahrrad repariert,
der Zeit hatte zum Vorlesen, Spielen, Spazierengehen,
der immer Würfelzucker für die Pferde
und Brotrinden für die Enten in der Tasche hatte.
Heute wird er beerdigt.
Vier Männer tragen den schwarzen Sarg
auf den Friedhof.
Viele Leute gehen mit. Manche weinen.
Peter weint nicht.
Für ihn ist der Großvater nicht ganz tot.
Peter wird jetzt selber lesen, Drachen bauen,
Brotrinden sammeln.
Und immer an den Großvater denken.
Und solange man noch an einen Menschen denkt,
ist er nicht ganz tot.

Margit Heumann-Huberti

Verschiedene Weisen, eines Menschen zu gedenken:

ein Foto aufstellen

ein Fotoalbum anschauen

Eintragung im Kalender

Erinnerungsstücke aufbewahren

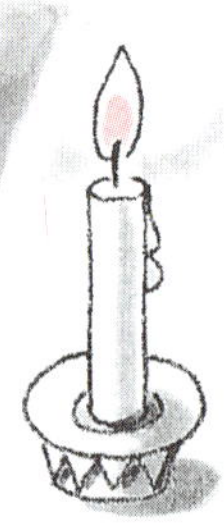

eine Kerze anzünden

einen Brief schreiben

zum Friedhof gehen

Kennst du weitere Möglichkeiten der Erinnerung?

Die Zeit erzählen

25 Jahre sind eine Generation.
Male die Generationen des Baumes in verschiedenen Farben.
Beginne außen, also in diesem Jahr.
Verbinde die Kalenderblätter mit ihren Jahresringen.

Was nun?

Martin kann sich entscheiden:

______

______

______

______

Eine schwere Entscheidung

Lena denkt:

	Dem stimme ich zu	Dem stimme ich nicht zu
Ich erzähle es trotzdem meiner Mutti.	☐	☐
Ich erzähle es unserer Lehrerin.	☐	☐
Ich behalte es für mich.	☐	☐
So etwas gefällt mir überhaupt nicht.	☐	☐
Ehrlich gesagt, mir hat es auch schon in den Fingern gejuckt.	☐	☐
Ich kann nicht mehr ihre Freundin sein.	☐	☐
Ich bewundere Susi für ihren Mut.	☐	☐
Susi sollte so etwas nicht tun und den Radiergummi zurückgeben.	☐	☐
Susi sollte eine Geldstrafe für den Diebstahl bezahlen.	☐	☐
Ehrlich gesagt, ______________________ ______________________	☐	☐

Entscheide erst für dich allein.
Spielt, wie Susi und Lena sich unterhalten.

Frau Holle

Das Kind ist hässlich, aber fleißig. . . . . B

Das Kind fühlt sich ungerecht behandelt. V

Als ihm einmal ein Missgeschick passiert, weint es. . . . . E

Es sticht sich in den Finger, um seine Mutter zu ärgern. . . . . A

Es sucht Hilfe bei der Mutter. . . . . R

Es muss die Probleme alleine lösen. . . . . A

Es hat keine Angst. . . . . B

Die Probleme machen ihm Angst. . . . . N

Die Angst hält es nicht ab, das Notwendige zu tun. . . . . T

Es macht die Augen zu und rennt zum Ziel. I

Es staunt über die neu entdeckte Welt. . . . . W

Es kümmert sich um fremde Angelegenheiten. O

Es lässt die Finger von Sachen, von denen es keine Ahnung hat. L

Es hat keine Angst vor Hexen. . . . . P

Es überwindet seine Angst und vertraut der fremden Frau. . . . . R

Es macht seine Arbeit, um reich belohnt zu werden. . . . . U

Es macht mit Freude seine Arbeit. . . . . T

Es geht ihm tausendmal besser als zu Hause. U

Es hat Heimweh nach Hause. . . . . N

Je schwerer die Arbeit ist, umso mehr Lohn erhält es. . . . . E

Es wird belohnt, weil es aufmerksam alle Arbeit getan hat. . . . . G

Wenn du die markierten Buchstaben der Reihe nach in die Kästchen einträgst, erfährst du, aus welchem Geist heraus Goldmarie handelt:

Wen du brauchst

Einen zum Küssen und Augenzubinden,
einen zum Lustige-Streiche-Erfinden.
Einen zum Regenbogen-Suchen-Gehn.
Und einen zum Fest-auf-dem-Boden-Stehn.
Einen zum Brüllen, zum Leisesein einen,
einen zum Lachen und einen zum Weinen.
Auf jeden Fall einen, der dich mag,
heute und morgen und jeden Tag.

Regina Schwarz

Wer ist für dich wichtig? Male oder schreibe es in die Wolken.
Verbinde deine Wolken mit passenden Worten im Gedicht.

Die goldene Regel

♦ Was du nicht willst, das man dir tu,
das füg auch keinem andern zu.

Hast du schon einmal jemandem etwas getan, was mit dir niemand tun soll?

♦ Manchmal ist es wichtig, „Nein" zu sagen. Auch wenn es schwer fällt.

Hattest du schon mal den Mut, „Nein, das mache ich nicht mit" zu sagen?

Immer öfter hört man: Die Natur gefährdet den Menschen.
Manchmal heißt es auch: Der Mensch gefährdet die Natur.
Und was meinst du dazu? Sammle Fotos und gestalte dein „Naturbild".

Wenn wir zusammenstehen

1. Wenn viele da sind, fühl ich mich
ein bisschen scheu und zitterig
und möcht mich gern verstecken
hinter dicken Hecken.
Und weil ich das nun mal nicht kann,
fang ich als Erster mutig an:
Hallo, du …

2. Jetzt hab ich dich, und du hast mich.
Doch sind wir zwei noch zitterig.
Wir würden stark wie Bären,
wenn wir zu viert wären.
So tut ein jeder, was er kann
und fängt für sich ganz mutig an:
Hallo, du …

3. Jetzt hab ich dich, und du hast mich.
Doch sind wir vier noch zitterig.
Sind acht erst hier zu finden,
lässt ein Verein sich gründen.
So tut ein jeder, was er kann
und fängt gleich mutig wieder an:
Hallo, du …

4. Jetzt hab ich dich, und du hast mich.
Und keiner ist mehr zitterig.
Doch brauchen wir hier heute
noch viel mehr Leute.
So tut ein jeder, was er kann
und fängt gleich wieder mutig an:
Hallo, du …

5. Wenn wir so miteinander gehn,
kann man uns nicht mehr übersehn.
Kein Wind kann uns verwehen,
wenn wir zusammenstehen.
Bist du allein, dann denke dran
und fange einfach mutig an.
Hallo, du …

Rolf Krenzer

Macht ein Bewegungsspiel daraus.

Schreibt die Buchstaben des Wortes „ZUSAMMENSTEHEN“ untereinander.
Bildet mit jedem Buchstaben ein neues, passendes Wort.
Wer hat zuerst alle Wörter zusammenstehen?

Die Rechte der Kinder

Kinder brauchen besonderen Schutz.
Deshalb wurden für sie von der UNO,
das ist eine Vereinigung fast aller Staaten der Welt,
die Kinderrechte in einem Buch mit 54 Artikeln niedergeschrieben
und veröffentlicht.
Hier kannst du einige lesen.

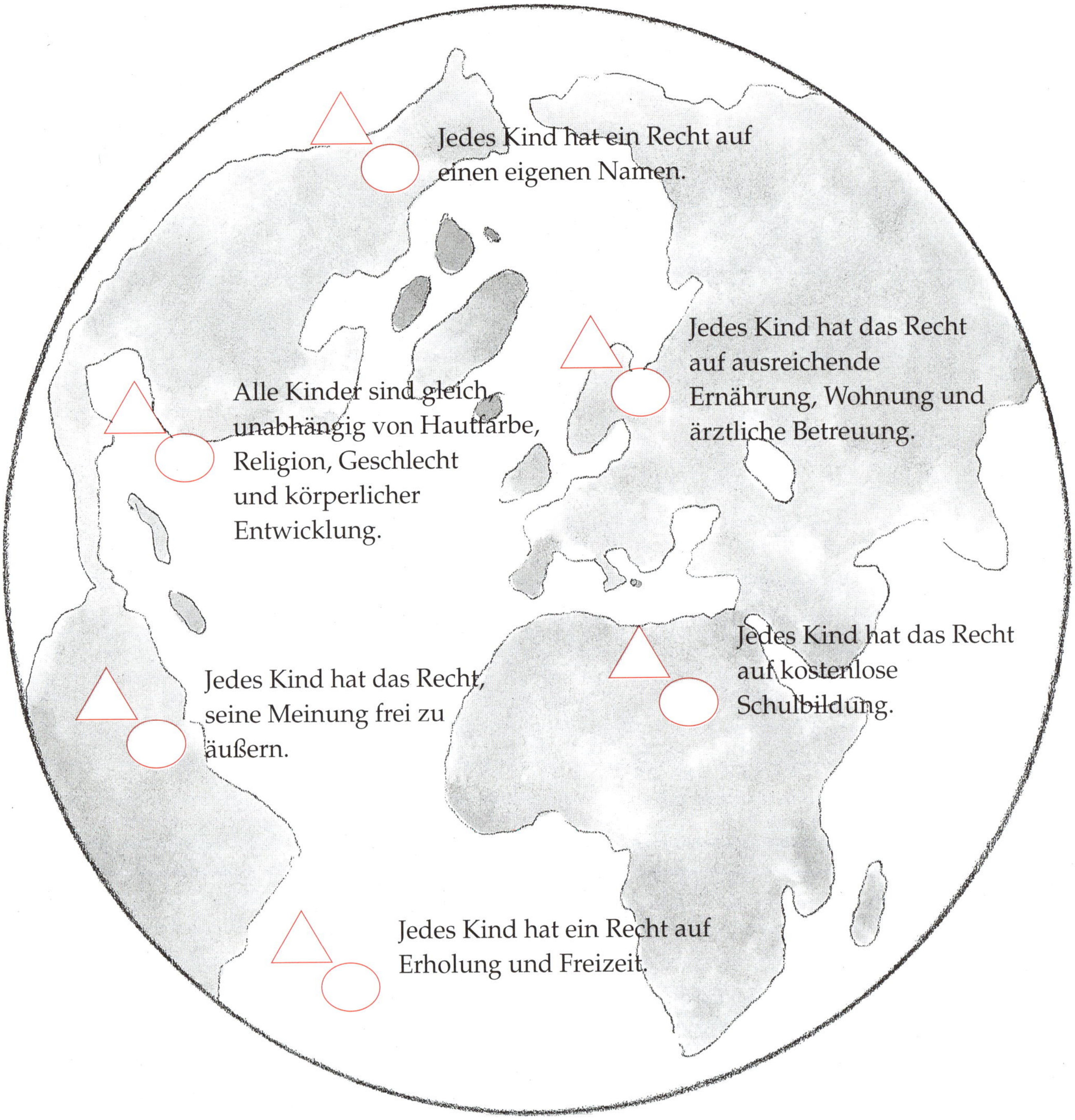

Welche Rechte sind für dich am wichtigsten?
Nummeriere sie nach Wichtigkeit von 1 bis 6 und schreibe die Ziffern in die Dreiecke. △
Vergleicht in der Klasse.
Wie würde Pedro aus Lateinamerika diese Rechte nummerieren? ○

Nur Mut!

Der Bär und das Eichhorn

Ein Bär, das stärkste Tier im Wald,
trat einmal aus Versehen
dem armen Eichhorn Willibald
im Walde auf die Zehen.

Er sagte nicht: „Pardon, mein Herr!"
Er tappte in Gedanken
als Bär verquer im Wald daher.
(Ein Bär kennt keine Schranken.)

Da rief das Eichhorn Willibald:
„He, Dicker, bleib mal stehen!
Man tritt nicht einfach hier im Wald
wem anders auf die Zehen!"

Der Bär verhielt auf weichem Moos
verwundert seine Schritte
und fragte, ganz gedankenlos,
das kleine Tier: „Wie bitte?"

Das Eichhorn, das im Humpelschritt
zum Bären kam geschritten,
sprach: „Wer wem auf die Zehen tritt,
muss um Verzeihung bitten!

Wenn du auch stärker bist als ich
an Körperkraft und Krallen:
Dergleichen find ich widerlich!
Ich lass mirs nicht gefallen!"

Die Pfötchen voller Wut geballt
(noch kleiner als ein Hase),
so trat das Eichhorn Willibald
dem Bären vor die Nase.

Was nun?
Die Ausschneideseite 63 hilft dir.

James Krüss

Das alles zählt für uns

Was wir zählen und messen können:

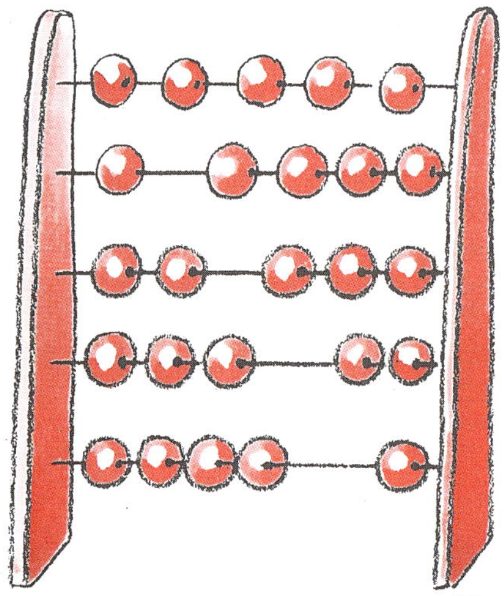

Wie viele Kinder in unserer Klasse sind.

Wie ____________ Fenster unser Haus hat.

Wie ____________ ein Flugzeug vorankommt.

Wie ____________ das Meer ist.

Wie ____________ ein Stein ist.

Wie ____________ eine Straße ist.

Was wir nicht zählen und messen können:

Wie viel Liebe in einem Kuss ist.

Wie viel Angst einer hat, der ____________ ist.

Was ein ____________ Wort wiegt.

Wie ____________ ein guter Freund ist.

Wie ____________ es ist, wenn uns keiner mag.

Wie ____________ eine Lüge uns verletzen kann.

Wie ____________ eine Freude sein kann.

Fülle die Lücken und schreibe selbst Beispiele. Es gibt mehrere richtige Lösungen.
Lest euch die Sätze gegenseitig vor.
Stimmt die Überschrift dieser Seite?

Zwei Euro – na und?

Peter hat seine drei Euro fünfzig Taschengeld angelegt, in ein Micky-Maus-Heft, Flugzeugbilder, Kaugummikugeln und Zündplättchen. Er würde gern weiter anlegen, nur fehlt ihm das Geld. Das hat er nicht. Das kriegt er vor nächstem Montag nicht.
Er geht an den Mänteln im Schulflur entlang, langt dabei ganz nebenbei in die Taschen. Angelt sich zwei Euro.
Na und? Nichts weiter.
Klaus hatte mal die zwei Euro. Und jetzt hat sie Peter!
Der Lehrer fragt die Klasse aus, ein Kind nach dem andern:
„Wo sind die zwei Euro von Klaus?“ Und Peter? Peter lügt.
„Ich wars nicht!“
„Ich wars wirklich nicht. Kanns ja gar nicht gewesen sein!“

Susanne Kilian

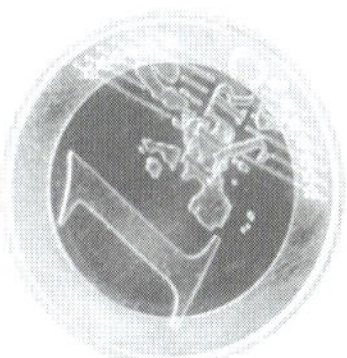

Schreibe auf, wie das Gespräch weitergeht. Lies danach auf Seite 61 nach und klebe den Text auf diesen Streifen.

Wer hat den Schaden von dem, was Peter tut?

Mehr als Freundlichkeit

Behinderte wollen kein Mitleid,
dachte der Jogger und hielt nicht an, um
dem Rollstuhlfahrer die Tür aufzuhalten.

Christine Nöstlinger

☐ Das würde ich auch so machen. ☐ Das würde ich anders machen.

Begründe:

____

____

Eine alte Frau sitzt fast jeden Tag am Einkaufszentrum. Viele Leute gehen an ihr vorbei. Ein kleines Mädchen bleibt stehen und wirft ein Geldstück in die Dose.

☐ Das würde ich auch tun. ☐ Das würde ich nicht tun.

Begründe:

____

____

♦ So wie du willst, dass man dich beachtet und dich versteht, so beachte auch die anderen und habe Verständnis für sie.

Prüfe deine aufgeschriebenen Begründungen allein.
Beurteile sie danach mit deinem Nachbarn.

Sebastians Tagebuch

13. Juni

Heute habe ich Tim erzählt,
dass ich mich nicht traue, über
den Bock zu springen. Morgen
habe ich wieder Turnen. Am
liebsten wäre ich morgen krank.

14. Juni

Alle waren heute sehr gemein zu
mir. Tim hat den Jungs erzählt,
dass ich solche Angst habe. Sie
haben mich ausgelacht und
gehänselt. Frau Schulze hat
geschimpft, weil ich nicht
gesprungen bin. Mit wem soll
ich nur darüber reden?

15. Juni

Schreibe die Tagebuchseite vom 15. Juni für Sebastian.

Der Wolf hat sich verschluckt

Einem Wolf war einmal beim Fressen ein Knochen im Halse stecken geblieben, und er litt große Pein.

Dummheit oder Vertrauen? Was meint ihr dazu?

Immer ich?

Und schon fragt Mutti vorwurfsvoll: „Warum hast du deinen Teil der Hausarbeit nicht erledigt?“

Hat dich in einer ähnlichen Situation schon einmal jemand kritisiert? Wie fühlst du dich, wenn du kritisiert wirst? Kreuze an, was auf dich zutrifft.

- Es tut mir weh. ☐
- Niemand hat mich lieb. ☐
- Es ist mir peinlich. Ich schäme mich. ☐
- Immer ist es meine Schuld. ☐
- Als ob ich schlecht wäre. ☐
- ______________________ ☐

Was tust du, wenn du kritisiert wirst?

- Ich möchte mich am liebsten verkriechen. ☐
- Ich möchte mich wehren, werde sauer und gebe eine patzige Antwort. ☐
- Ich fange an zu weinen. ☐
- Ich versuche das wieder hinzubiegen. ☐
- Ich muss erst mal darüber nachdenken. ☐
- ______________________ ☐

Schreibe auf, wie du dich verhalten würdest, wenn deine Schwester oder dein Bruder den Mülleimer hätte rausschaffen müssen.

Ein Weg zum Miteinander

„Vati!" Vati las Zeitung. Vati brummte: „Was ist denn, Junge?" „Muss ich auch Zeitung lesen, wenn ich groß bin?" „Natürlich!" „Warum, Vati?" Vati hörte nichts, denn Vati las schon wieder. „Warum, Vati, möchte ich wissen!" „Hm? Warum? Was warum?" „Warum ich Zeitung lesen muss, wenn ich groß bin?" „Mein Gott, als Erwachsener liest man eben Zeitung. Da muss man sich auf dem Laufenden halten!" „Was ist 'auf dem Laufenden', Vati?" „Du lieber Himmel, Junge, das ist so viel wie ... wie sich zu orientieren, verstehst du?" „Nein!" „Dann sprechen wir ein anderes Mal darüber! Jetzt lass mich aber endlich lesen!" „Warum kannst du nicht lesen, Vati, wenn ich mit dir spreche?" „Weil mich das stört, Junge! Reden stört immer. Man soll überhaupt so wenig wie möglich reden, merk dir das!" „Unser Lehrer redet aber sehr viel, Vati!" „Also, jetzt langts mir! Schließlich ist er ja Lehrer. Lehrer dürfen reden. Aber Kinder haben still zu sein, verstanden!?" „Aber – aber wenn ich in der Schule die ganze Stunde nicht den Mund auftue, schimpft der Lehrer!" „Zum Donnerwetter, jetzt ists aber genug! Ich will jetzt endlich lesen! Wenn du mich weiter so mit Fragen verrückt machst, bin ich bald reif fürs Irrenhaus!" „Musst du da auch Zeitung lesen, Vati?" „Nein, nein, nein, Herrgott! Da gibt es keine Zeitungen!" „Au fein, Vati", sagte der Sohn, „da komme ich dich dann besuchen, und ich kann mit dir sprechen, ohne dass es dich stört!"

Martin Mulow

Was möchte der Sohn vom Vater? Was möchte der Vater vom Sohn?

Der Schluss der Geschichte ist lustig, aber in Wirklichkeit keine Lösung für ihr Problem. Was könnten Vater und Sohn vereinbaren, damit jeder zufrieden ist?

In Streit geraten

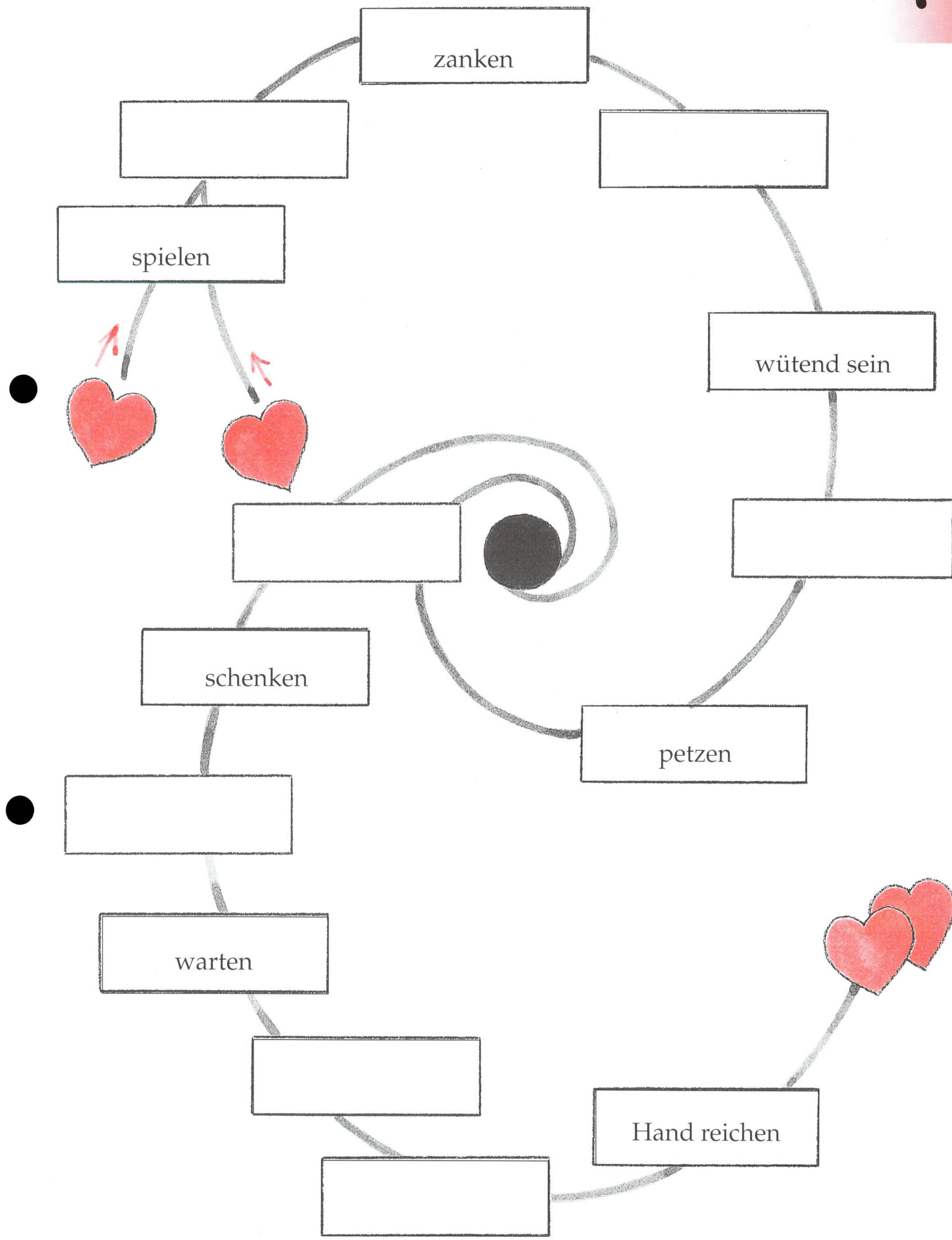

Die Kurve zeigt einen Weg in den Streit hinein und wieder hinaus.
Einige Stationen fehlen. Findest du sie?
Die Kästchenwörter auf Seite 63 können dir dabei helfen.

Lisa

Lisa hat sich ein Bein gebrochen. Sie muss für längere Zeit zu Hause bleiben.
Die Kinder der Klasse 4a unterhalten sich darüber:

Besprich mit deinem Partner die Überlegungen der Klasse 4a. Welche Aussagen findet ihr gut und welche weniger gut? Was würdet ihr tun? Kreist es ein oder schreibt dazu.

Manchmal wär ich gern der Papa

Manchmal wär ich gern der Papa,
möcht so alt schon sein wie er.
Doch der Papa sagt vom Opa:
Der hat Zeit. Ach wär ich der!
Opa aber hör ich sagen:
Wäre ich doch nochmals klein.
Er erzählt von Kindertagen,
möcht ein Lausbub wieder sein.
Wenn man gerne mal wer andrer
sein möcht, als man heute ist,
älter, jünger, größer, kleiner,
kann es sein, dass man vergisst:
Ein Geschenk ist unser Leben,
ein Geschenk ist jedes Heut.
Augen auf, dann wirst du sehen
vieles Schöne jederzeit.

Helmut Zöpfl

Stell dir vor, du wärst nicht so alt, wie du wirklich bist.

Wenn ich 4 Jahre alt wäre, dann ______________________________

Wenn ich 18 Jahre alt wäre, dann ______________________________

Wenn ich 68 Jahre alt wäre, dann ______________________________

Wenn ich ____________________ wäre, dann ______________________________

Ein Freund ist jemand, ...

... der da ist, gehts dir einmal nicht gut,
und der, was er kann, für dich dann auch tut,
der Zeit für dich hat, viel Zeit jederzeit,
und der zu dir steht in Freud und Leid,
der gern mit dir froh ist, der gern mit dir lacht,
der Spaß versteht und Gaudi mitmacht.
Und selbst, wenn alles um dich herum fällt,
nicht auslässt und jetzt erst recht zu dir hält,
jemand, der da ist, wie es auch steht,
durch dick und dünn für dich immer geht,
ein Mensch, auf den man todsicher baut,
vor dem man denken darf, sogar laut.

Helmut Zöpfl

mich trösten

mit anderen gehen

für mich lügen

tierlieb sein

witzig sein

angeben können

mich ernst nehmen

immer Geld haben

schöne Kleidung tragen

gut malen und zeichnen können

im Fußballverein sein

Versprechen nicht einhalten

mich bei Arbeiten immer abschreiben lassen

kein Angsthase sein

mich bei einem Streit verteidigen

nur mit mir spielen

nett aussehen

da sein, wenn ich ihn brauche

Was erwartest du von deinem Freund oder deiner Freundin? Kreise ein und ergänze.

Es ist wichtig, Freunde zu haben

Die Bremer Stadtmusikanten

Die Bienenkönigin

Der gestiefelte Kater

Woran erkennst du die Freundschaft in den Märchen?

Freunde ______________________________ zusammen.

Freunde ______________________________ einander.

Freunde ______________________________ sich um den anderen.

Freunde ______________________________ Probleme.

Freunde sind ______________________________ zueinander.

Auf Freunde können wir ______________________________ .

Kannst du den Text ergänzen?

Mit wem bist du befreundet? Male dein Freundschaftsbild.

Freundschaften können zerbrechen

Das macht Petra, wenn sie sich
mit Steffen an-freundet:
Sie lächelt Steffen an.
Sie legt ihren Arm um Steffen.
Sie hält Steffen an der Hand.
Sie macht Steffen den Ranzen zu.
Sie setzt sich ganz nah zu Steffen.

Das macht Petra, wenn sie sich
von Steffen ab-freundet:
Sie dreht Steffen den Rücken zu.
Sie guckt Steffen bös an.
Sie streckt Steffen die Zunge raus.
Sie lacht Steffen aus.

Marianne Kreft

Hast du dich schon einmal abgefreundet? Wie ging es dir dabei?

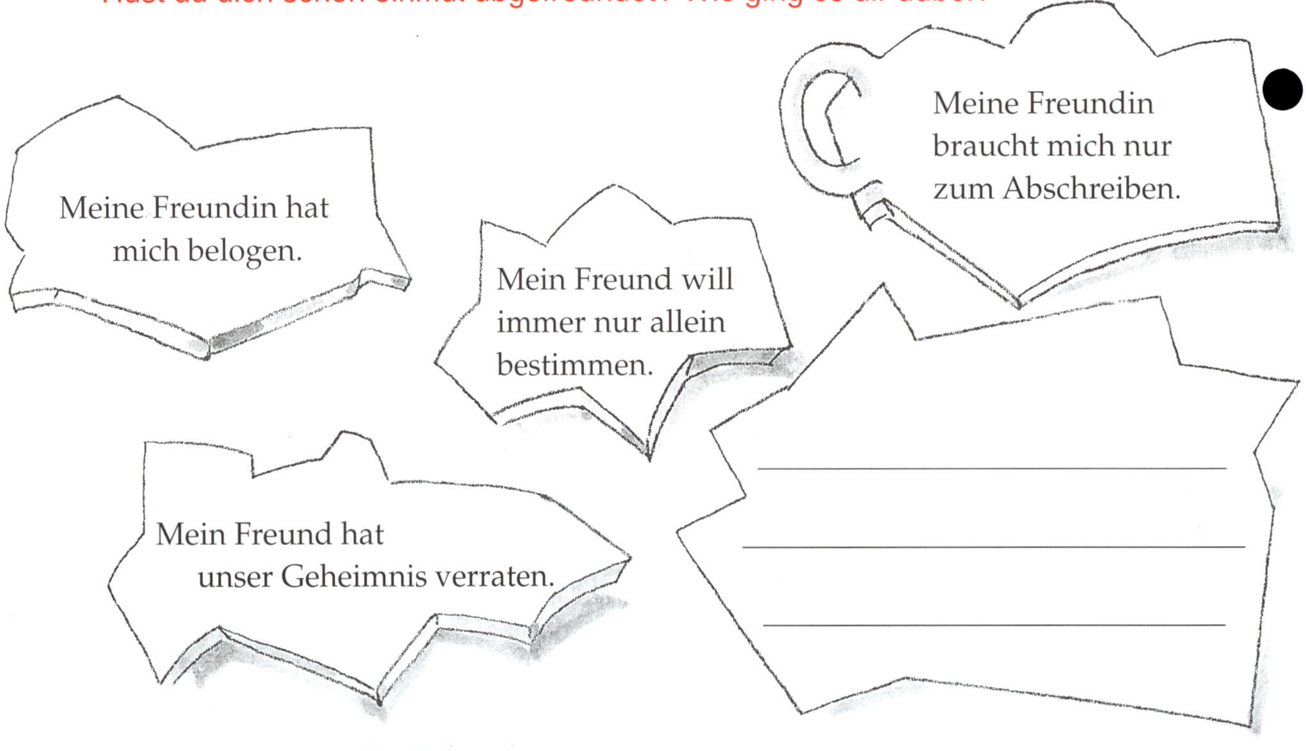

Warum zerbrechen Freundschaften? Wählt Scherben aus und sprecht darüber.
Findest du noch einen Grund? Schreibe ihn auf.

Ein Lichtlein

Advent heißt Ankunft. Am vierten Sonntag vor Weihnachten beginnt die Zeit der Erwartung dieses Festes. In der dunklen, kalten Jahreszeit zaubern Kerzen eine Stimmung der Stille, Wärme und Freude, in der die Menschen auch schon vor dem Christentum gerne zusammenkamen.

Kommt ein Lichtlein
leise leise
in die Welt
leuchtet still
leuchtet freundlich
auf seine Weise

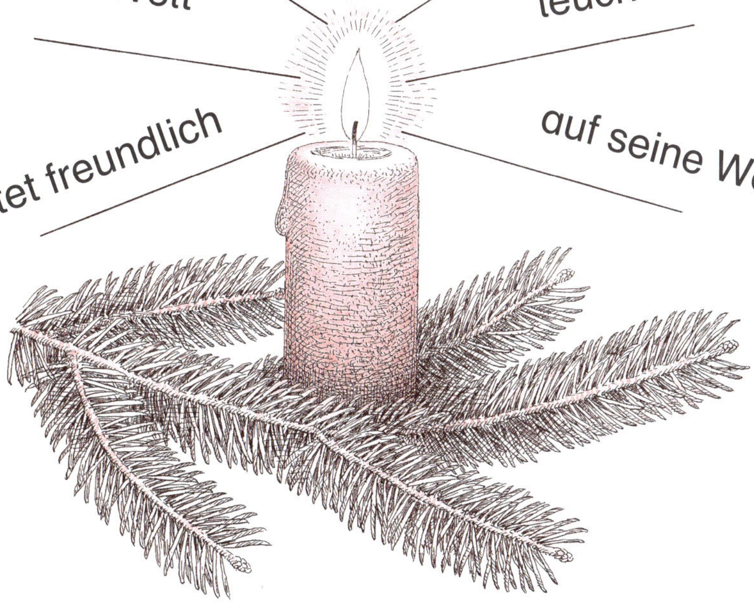

bis es Herz um Herz erhellt.

Versuche ein Elfchen, ein „Wörterbild“, vom Licht in die Kästchen zu schreiben.

Weihnachten

DAS GROSSE BLEIBT GROSS NICHT UND KLEIN NICHT DAS KLEINE

Wird als Schimpfwort benutzt - ist in Wirklichkeit aber ein sehr nützliches, trotzdem bescheidenes Tier _ _ _ A _

Keine Königin - eine junge, unverheiratete und schwangere Frau _ _ _ _ _

Ein König - und fürchtet sich doch vor Jesus _ _ _ _ _ _ _

Nicht wie ein Nachfolger König Davids - eher wie der Sohn einer armen Frau wird er geboren in einem ... _ _ _ _ _

Kein prächtiges Pferd oder Kamel - stattdessen ein bockiger, aber guter Pfadfinder _ _ _ _

Kein Tag war, als die Männer von seiner Geburt hörten - und doch war der Himmel hell in der ... _ _ _ _ _

Als Erwachsener setzte sich Jesus vor allem und zuerst für die Ärmsten und Verachteten ein, zu denen besonders die _ _ _ _ _ _ gehörten.

Lösungswort

Weihnachten ist ein internationales Fest. Alle Christen feiern die Geburt von Jesus, den sie als den Retter der Menschen ansehen. Früher hat man um diese Zeit die Wintersonnenwende gefeiert.

In anderen Ländern wird das Weihnachtsfest häufig ganz anders gefeiert als bei uns. Findet etwas darüber heraus.

Osterspaziergang

Der Osterspaziergang und das Ostereier-Suchen werden zu einem freudigen Erlebnis in der wieder erwachten Natur. Es gibt viele Ostersymbole.

Finde Ostersymbole und informiere dich über ihre Bedeutung.

Vom Eise befreit sind Strom und Bäche
Durch des Frühlings holden,
belebenden Blick;
Im Tale grünet Hoffnungsglück;

Der alte Winter in seiner Schwäche,
Zog sich in raue Berge zurück.
Von dorther sendet er, fliehend, nur
Ohnmächtige Schauer körnigen Eises
In Streifen über die grünende Flur.

Johann Wolfgang von Goethe

Sucht gemeinsam draußen nach dem Frühling.
Kannst du ihn hören, riechen, schmecken, fühlen und sehen?
Oder musstest du in diesem Jahr noch vom Frühling träumen? Erzähle.

Die Kirche – auch ein Ort der Gemeinschaft

Diese Dinge, die du fast in jeder Kirche findest, wollen Menschen zusammenführen.

WO ZWEI ODER DREI VERSAMMELT SIND IN MEINEM NAMEN, DA WILL ICH MITTEN UNTER IHNEN SEIN.

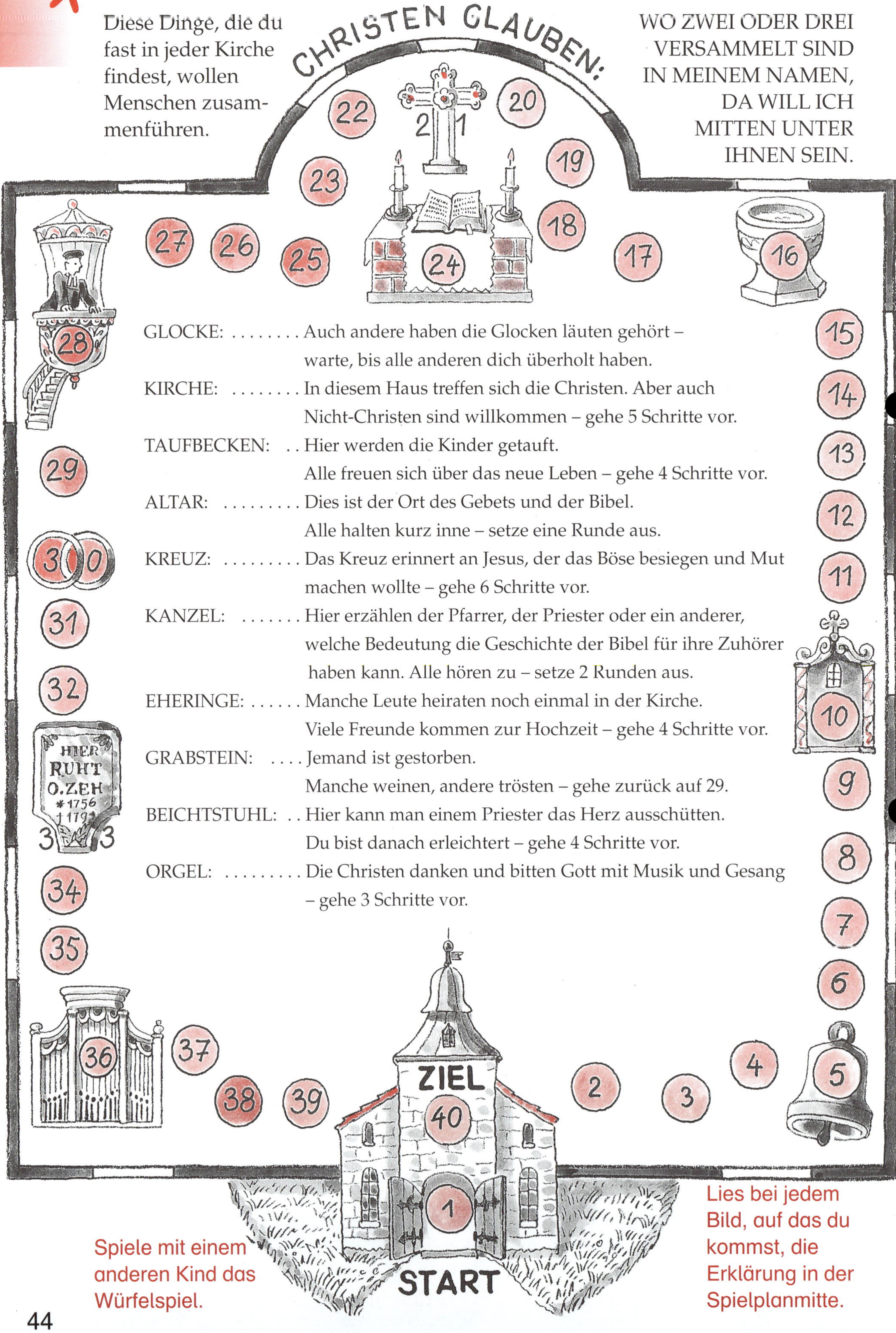

Spiele mit einem anderen Kind das Würfelspiel.

Lies bei jedem Bild, auf das du kommst, die Erklärung in der Spielplanmitte.

Die Kirche – auch ein Ort der Besinnung

Dies ist der Fußboden in einer Kirche.
Sein Muster stellt einen langen Weg dar.
An seinem Ziel, in der Mitte, ist ein Kreuz.
Das Kreuz erinnert an Jesus Christus, an den
die Christen glauben.

Fahre mit einem Bleistift den Weg des Labyrinths nach.
Du darfst nicht vom Weg abkommen.
Wo willst du anfangen?
Was stellst du während der Arbeit fest?

Die Buchstaben des Alten und des Neuen Testaments

lateinisch	A	B	CH	D	E	F	G	H	I,J	K	L	M	N	O	P	R	S	SCH	T	U	V,W	Z
hebräisch	א	ב	ח	ד	הֵ	פ	ג	ה	י	כ	ל	ם	נ	וֹ	פ	ר	שׂ	שׁ	ת	וּ	ו	צ
griechisch	Α	Β	Χ	Δ	Ε	Φ	Γ	ʽ	Ι	Κ	Λ	Μ	Ν	Ω	Π	Ρ	Σ	ΣΧ	Τ	ΟΥ	Β	Ζ

DIE BÜCHER DER BIBEL ERZÄHLEN IMMER WIEDER NEU

EID

Übertrage in lateinische Buchstaben.

MIT DEN MENSCHEN ZU ALLEN ZEITEN

MITΔ

Übertrage in griechische Buchstaben.

Die Zehn Gebote

Die Thora ist ein Teil des Alten Testaments. Sie ist den Juden heilig. In ihr stehen auch die Zehn Gebote, die Moses nach jüdischer Überlieferung von Gott empfing, als er die Juden aus der ägyptischen Sklaverei in ein eigenes Land führte. Die Christen haben diese Gebote übernommen.

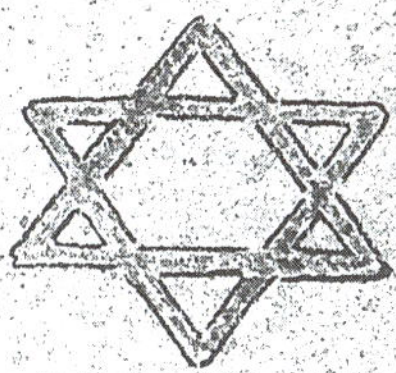

1. Ich bin der Herr, euer Gott. Ich habe euch frei gemacht aus einem unfreien Land. Ihr aber, haltet euch nun auch an euren Befreier. Ihr sollt nicht Sklaven anderer Götter werden. Versucht nicht, euch Bilder von mir zu machen!
2. Gebraucht meinen Namen nicht im Zusammenhang mit Dingen, mit denen ich nichts zu tun haben will!
3. Feiert einen Tag der Woche als meinen Tag!
4. Seid gut zu eurem Vater und eurer Mutter und habt sie lieb!
5. Schlagt niemanden tot!
6. Bleibt den Menschen treu, die ihr liebt!
7. Stehlt nicht!
8. Sagt nichts Falsches!
9. Gönnt den Menschen, die sich lieben, ihr Glück!
10. Wollt nicht immer das haben, was der andere hat!

○ Das bedeutet, dass es ein freier Tag ist. An einem solchen Tag sollt ihr allen Menschen, die für euch arbeiten, freigeben.

○ Das bedeutet auch, dass ihr einander nicht im Stich lassen sollt. Gott gab uns die Chance zu leben. Also dürft ihr einander das Leben nicht unmöglich machen.

(1.) Das bedeutet auch, dass ihr nicht sagen dürft, dass ihr genau wisst, wie Gott ist und wie er aussieht.

○ und zerstört es nicht, um es selber zu besitzen!

○ Gott ließ uns in der Wüste genug zum Leben finden. Deswegen dürft ihr nicht für euch selbst einstecken, was für alle bestimmt ist.

○ Das bedeutet, dass ihr vorsichtig sein sollt mit dem Wort „Gott".

○ Das bedeutet, dass sich die Menschen einsetzen müssen für alle, die sich lieben. Wenn Gott ein Gott ist, der die Menschen liebt, müssen die Menschen dafür sorgen, dass auch Menschen einander lieben können.

○ Das bedeutet auch, dass ihr nie einen anderen bloßstellen dürft, indem ihr ihn verdächtigt. Wenn wir Gott beim Wort nehmen wollen, dann müssen wir uns auch auf das Wort verlassen können, das wir einander geben.

○ Das bedeutet auch: Ihr sollt es nicht immer so haben wollen, wie es der andere hat. Ihr sollt so sein, wir ihr selbst seid.

○ Denn wenn ihr das nicht tut, wenn ihr ältere Menschen einfach sitzen lasst, dann sorgt ihr nicht dafür, dass sie frei sein können.

Lies die Gebote und ihre Erklärungen. Sprich mit einem Partner und schreibe die Nummer des Gebots in den Kreis einer dazu passenden Erklärung.

Das jüdische Chanukka-Fest

Das Fest erinnert an den Aufstand der Juden gegen die griechischen Eroberer vor über 2100 Jahren. Der fremde König wollte die Juden zwingen, an seine Götter zu glauben; deshalb hatte er fremde Götterstatuen im jüdischen Tempel in Jerusalem aufstellen lassen. Als beim Aufstand die fremden Gegenstände aus dem Tempel entfernt wurden, fand man nur einen einzigen unversehrten Ölkrug für den siebenarmigen Tempelleuchter. Aber wie ein Wunder soll der Leuchter trotzdem während des gesamten 8-tägigen Festes zur Wiedereinweihung des Tempels gebrannt haben.
An diesem Festtag wird in vielen jüdischen Familien eine Art Glücksspiel mit dem Dreidel gespielt. Die Buchstaben auf diesem Kreisel sind Anfangsbuchstaben von vier hebräischen Wörtern, die übersetzt heißen: Ein großes Wunder geschah hier.

נ (sprich: **N**un) = **n**ichts
Spieler nimmt nichts, gibt nichts.

ג (sprich: **G**imel) = **g**anz
Spieler bekommt den Jackpot.

ה (sprich: **H**e) = **h**alb
Spieler bekommt Hälfte des Jackpots.

ש (sprich: **Sch**in) = **sch**tel = 1
Spieler muss ein Stück abgeben.

Spielregel:
Jeder Spieler legt eine Spielmarke/einen Bonbon in die Mitte.
Reihum darf jeder Spieler den Dreidel drehen und dem oben liegenden Buchstaben entsprechend aus der Mitte nehmen oder in die Mitte geben.

Bastelanleitung für einen Dreidel

1. Übertrage die Zeichnung auf Pappe.
2. Schneide durchgezogene Linien aus.
3. Knicke gestrichelte Linien nach innen und falze.
4. Klebe den Dreidel an den Laschen zusammen.
5. Stecke ein Stäbchen/einen Trinkhalm von oben bis zur unteren Spitze in den Dreidel.

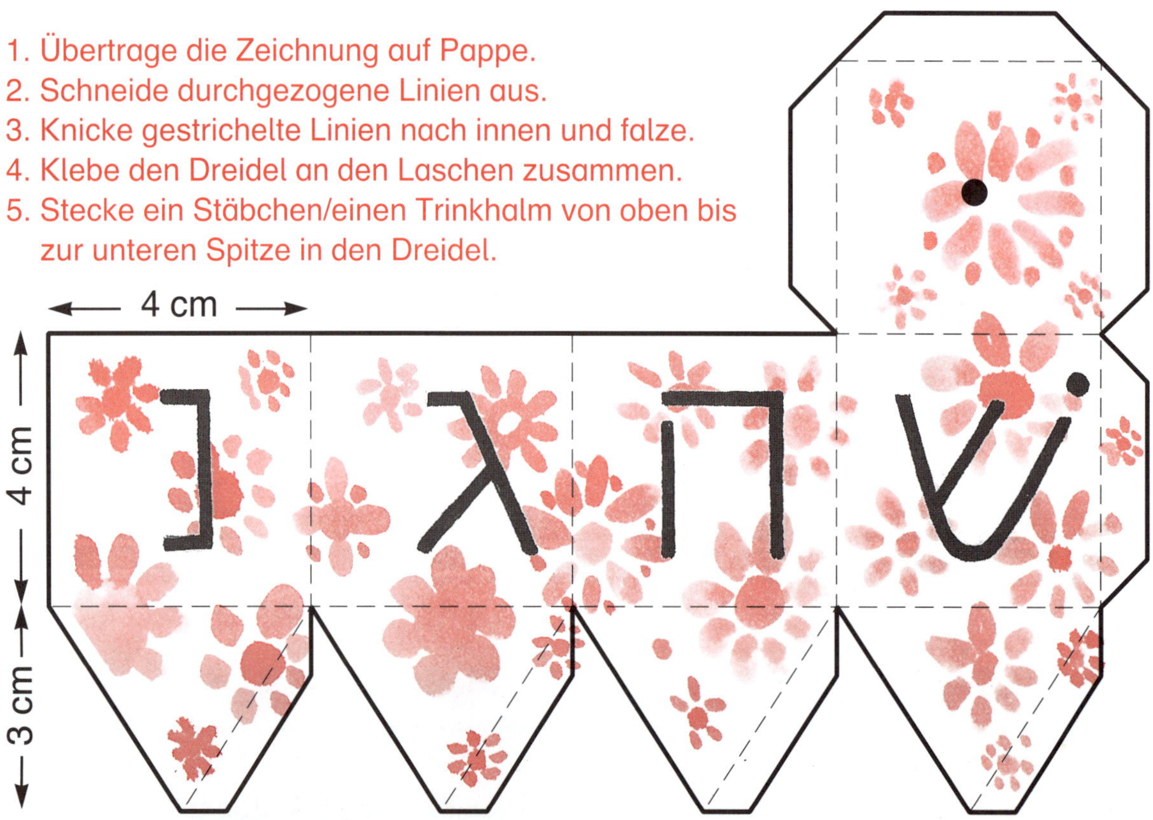

Ein muslimischer Gebetsteppich

Fünfmal am Tag betet ein frommer Muslim.
Zum Beispiel die Schahada, das islamische Glaubensbekenntnis.

Ich bezeuge,

dass es keine Gottheit gibt außer Gott

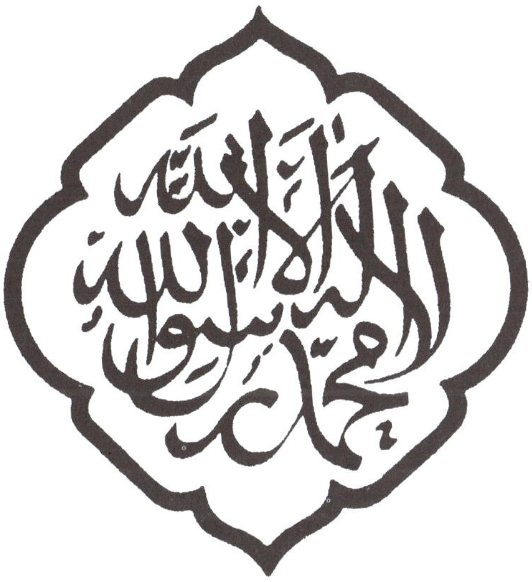

und dass Mohammed der Gesandte Gottes ist.

Meist versammeln sich die Betenden in einer Moschee.
Der Gebetsteppich schafft aber überall einen besonderen Gebetsort.
Die Stirnseite des Teppichs zeigt immer zum heiligen Ort Mekka.

Male die Fransen an der Stirnseite braun.
Male viele Muster im Teppich an, das gleiche Muster in der gleichen Farbe.

Eine islamische Weisheitsgeschichte

Einst fing ein Mann einen Vogel. Der Vogel sprach zu ihm: „Schenkst du mir die Freiheit, so will ich dir drei wertvolle Ratschläge geben. Den ersten Rat will ich dir geben, solange ich noch bei dir gefangen bin, den zweiten, wenn ich von dir weg auf einen Zweig geflogen bin, den dritten, nachdem ich den Gipfel eines Berges erreicht habe."

Der Mann war einverstanden und wollte den ersten Rat wissen. Der Vogel sagte: „Ärgere dich nie, wenn du etwas verlierst, selbst wenn es so wertvoll wie dein Leben ist." Da ließ der Mann den Vogel frei. Der Vogel flog auf einen Zweig und gab dann den zweiten Rat: „Glaube nie etwas, was du nicht verstehst, ohne es genau zu prüfen."

Dann flog der Vogel auf den Gipfel des Berges. Von hier aus sprach er: „Du Dummkopf! In mir befinden sich zwei riesige Edelsteine. Du hättest mich nur töten müssen, um sie zu besitzen." Der Mann grämte sich um das, was er hätte besitzen können, aber er forderte vom Vogel: „Gib mir dann wenigstens den dritten Rat!"

Der Vogel antwortete: „Du Narr, was bittest du mich um weitere Ratschläge, nachdem du die beiden ersten schon nicht befolgt hast! Denn hättest du den ERSTEN RAT beachtet, dann ______________________________."

Hättest du den ZWEITEN RAT beachtet, so hättest du des ersten Rats nicht einmal bedurft, denn glaubst du wirklich ______________________________?"

Unterstreiche die beiden Ratschläge des Vogels.
Überlege mit einem anderen Kind, was der Vogel mit seinen beiden letzten Sätzen meint.
Ergänze die beiden letzten Sätze des Vogels.

Jerusalem - Stadt dreier Weltreligionen

In Jerusalem befinden sich wichtige Heiligtümer der Juden, der Christen und der Muslime. Sie pilgern aus der ganzen Welt hierher, um zu beten. Die Klagemauer ist ein Rest des im Jahre 70 nach Christus von den Römern zerstörten Tempels der Juden. In der Grabeskirche beten die Christen, weil Jesus in Jerusalem gekreuzigt und wohl auch begraben wurde. Der Felsendom wurde zu Ehren Ibrahims (arabisch für „Abraham") erbaut, der für seinen starken Gehorsam gegenüber Gott verehrt wird.

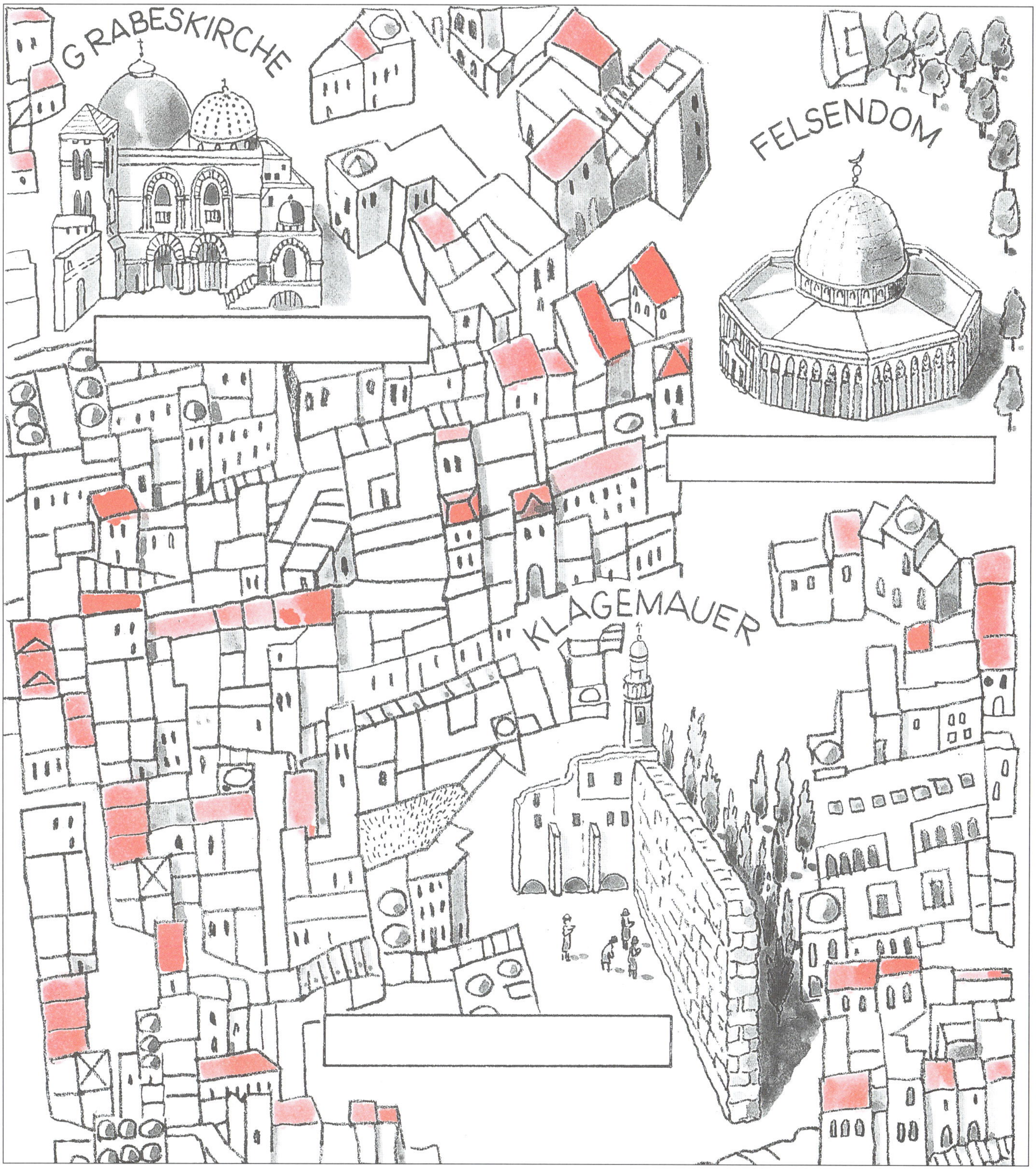

Schreibe passend unter die Heiligtümer: jüdisch — christlich — muslimisch.

Der Ring des Volkes

Bericht des Schwarzen Hirsches,
Seher der Ogallala-Sioux in Nordamerika:

Unsere Tipis wurden nicht in beliebiger Weise aufgestellt, sondern im Kreis rings um einen freien Platz. Dieser *Ring des Volkes* war für uns das Weltall. Kein Roter Mann lebte inmitten des Ringes, ohne Himmel und Erde hier vereint zu sehen. Eine unsichtbare Linie durchschnitt von Osten nach Westen den Kreis.
Die Tipis des nördlichen Halbkreises bildeten den Himmel, die Zelte des südlichen Halbkreises die Erde. So waren alle, die im nördlichen Teil wohnten, Himmelsleute, die im südlichen Teil wohnten, Erdleute. Niemals durften die Himmelsleute untereinander heiraten, ebensowenig die Erdleute untereinander. Ein Himmelmann konnte nur eine Erdenfrau heiraten, ein Erdmann nur eine Himmelfrau. Jede Ehe sollte Himmel und Erde verbinden.
Die Erdhälfte war noch einmal geteilt. Das südöstliche Viertel vertrat die Gewässer der Erde: Meere, Seen, Bäche und Flüsse. Das südwestliche Viertel verkörperte das trockene Land.

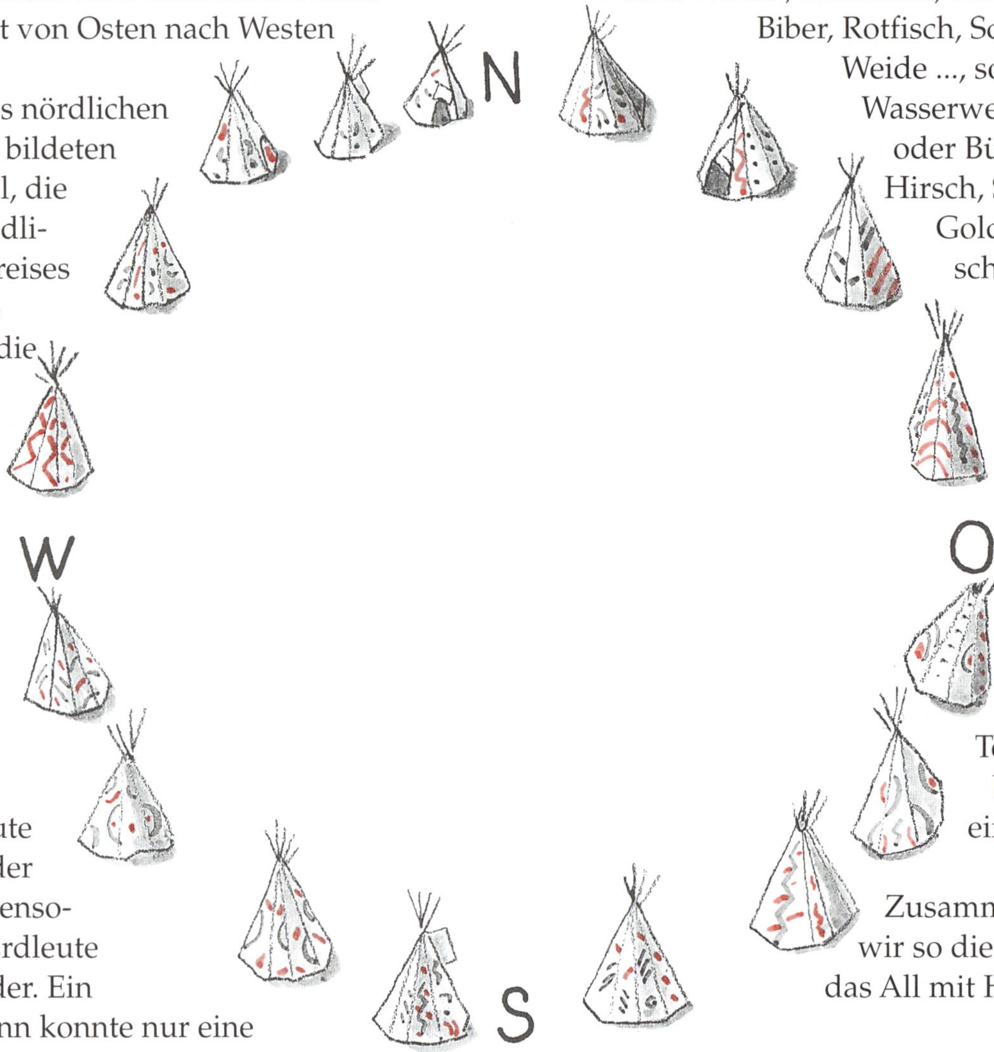

Im Tipiring gehörte jede Sippe zu einem Teil des Weltalls. Die Himmelsleute waren Sonne und Mond, Tag und Nacht, Großer Bär, Orion, Plejaden oder Cassiopeia, Wolken, Wind oder Abendstern ... Die Erdleute aber waren Wasser, Schilfrohr, Muschel, Otter, Biber, Rotfisch, Schwarzfisch, Weide ..., soweit sie die Wasserwelt vertraten; oder Büffel, Wapiti, Hirsch, Schwarzbär, Goldadler, roter, schwarzer, gelber, weißer Felsen ..., wenn sie das Land verkörperten. Wir nannten jeden Teil *wegatsche*, das heißt: einen Teil, den man braucht, um ein Ganzes zu machen. Zusammen bildeten wir so die ganze Welt, das All mit Himmel und Erde.
Für uns war die Welt nur in Ordnung, wenn der Ring des Volkes in Ordnung war. Jede Sippe stand allen dafür ein, dass ihre Welt, die sie verkörperte, heil blieb. Wäre durch unsere Schuld eine Tierart oder eine Pflanze ausgestorben, wäre die Ganzheit zerbrochen. Wie hätten wir dann unsere heiligen Feiern noch begehen können?

Gestalte das Weltall der Sioux mit Buntstiften, Zeichen und Wörtern.

Von Spinnen und Menschen

Und vielleicht bin ich auch eine Art von Spinne
wie jene dort, die sich kopfunter vom Baum seilt.
Und vielleicht webe ich da und dort mein dünnes Netz
und spanne es in Schneisen aus, und einige meiner
Mitmenschen stehen vor dem Gewebe und bewundern es,
und anderen ist es nichts als eine Belästigung für
Wimpern und Nasenspitzen.

Erwin Strittmatter

Manchmal ist es schwierig,
Spinnen zu beobachten.
Ihre Netze weisen dir den Weg.
Meist wirst du eine finden.
Male sie ins Netz.
Dafür braucht manch einer
etwas Mut.

Spinnen interessieren mich, weil	Spinnen machen mir Angst, weil
______________________	______________________
______________________	______________________
______________________	______________________

Welche Spalte hast du ausgefüllt? Lest euch eure Gedanken vor und versucht, für die andere Seite Argumente zu sammeln.
Erwin Strittmatter fragt sich, ob er eine Art von Spinne ist. Und welches Tier wärst du? Spiele den anderen dieses Tier vor. Wie ist dein Tier? Sammle Eigenschaften.

Gefunden

Entdecke die Natur und bring ins Klassenzimmer Folgendes mit:
(Sammle nur Dinge, die du ohne Beschädigung wieder zurückbringen kannst.)

1. Eine Feder
2. Etwas Rundes
3. Etwas Flauschiges
4. Etwas Scharfes
5. Etwas vollkommen Gerades
6. Etwas, das ein Geräusch macht
7. Etwas Duftendes
8. Etwas Raues
9. Verschiedene Samen
10. Etwas, das dich an dich selbst erinnert
11. Drei von Menschen hinterlassene Abfallstücke

Klebe ein einziges Fundstück hier auf.

Ich habe dieses ausgewählt, weil:

____

____

____

Baum-Geheimnisse

Mein Baum spricht zu mir
mit allen Stimmen;
einer flüsternden,
einer zischelnden,
einer grollenden,
einer kreischenden,
einer weinenden,
einer kichernden,

... denn mein Baum hat viele Geheimnisse.

nach Sophie Brandes

Mein Baum heißt: ______________________ .

Er ist vielleicht schon __________ Jahre alt.

Das gefällt mir an ihm:

____

____

____ .

Er sieht aus wie ______________________

____ .

Er riecht nach __________________________

____ .

Fantasiere dich in die Zeit, als dein Baum ganz klein war.
Schreibe deine Baumgeschichte auf.

Ameisen krabbeln

Ameisen krabbeln auf Ameisenhaufen,
Ameisen krabbeln, wo Hasen laufen,
Ameisen krabbeln am Straßenrand,
Ameisen krabbeln an jeder Wand,
Ameisen krabbeln in Mauerritzen,
Ameisen krabbeln auf Kirchturmspitzen,
Ameisen krabbeln in Blumenkästen,
Ameisen krabbeln auf Frühstücksresten,
Ameisen krabbeln in Honigtöpfe,
Ameisen krabbeln in Pfeifenköpfe,

Ameisen krabbeln auf Brillengläser,
Ameisen krabbeln auf Zittergräser,
Ameisen krabbeln auf Eisenbahnschwellen,
Ameisen krabbeln auf dunklen, auf hellen
Teppichen, Tischen, auf Bänke, auf Bäume,
Ameisen krabbeln in alle Räume,
Ameisen krabbeln leider, leider –
in Hosen, in Hemden, in sämtliche Kleider,
besonders wenn du sie ausziehst beim Baden –
und dass sie nicht krabbeln am Hals, an den Waden,
ists besser, du schüttelst die Kleider gut aus
und trägst nicht die Krabbelameisen nach Haus!

Hans Baumann

Schreibe neue Zeilen zum Gedicht. Gestalte „Krabbelorte“ in Bild und Farbe.
Bastelt aus Sonnenblumenkernen und Zwirnsfäden einen Ameisenstaat.
Setzt das Gedicht mit Instrumenten aus Naturmaterialien klingend und spielend um.

Gerhard

Im Hof unten, bei den Mülltonnen, sitzt immer der Gerhard. Jeden Tag hockt er dort. Stundenlang. Den Ameisen schaut er zu. Die Ameisen kommen aus einem Riss in der Hausmauer. In Dreier-Reihen wandern sie die Mauer hinunter über den Betonboden und dann die Mülltonnen hinauf. Wenn sie aus den Mülltonnen wieder herauskommen, tragen sie die Beute mit sich: Ein Reiskorn, ein Brotbrösel, eine Winzigkeit Apfelschale und allerhand Krümel, denen man nicht ansieht, woraus sie bestehen. Der Hubert versteht nicht, warum der Gerhard jeden Tag stundenlang den Ameisen zuschaut. Und fragen kann er ihn ja auch nicht danach. Der Gerhard kann nicht richtig reden. Bloß „Mama" und „nein" kann er sagen. Alles andere, was er sagt, ist ein unverständliches Gebrabbel, aus dem nur seine Mama schlau wird. „So was von stumpfsinniger Glotzerei", sagt Hubert zu den anderen Kindern. Und die anderen Kinder geben ihm Recht. Aber manchmal, wenn weder der Gerhard noch die anderen Kinder im Hof sind, dann hockt sich der Hubert auch zu den Mülltonnen und schaut den Ameisen zu. Ganz geheim nämlich hat er den Verdacht, dass es da schon was zu sehen gibt, etwas, das unheimlich aufregend ist, etwas, das nur der Gerhard weiß.

Christine Nöstlinger

Markiere im Text, welche aufregenden Beobachtungen Gerhard macht.
Überlege, warum Hubert manchmal so ablehnend zu Gerhard ist, obwohl das Ameisenkrabbeln ihn neugierig macht.
Ameisen haben Aufgaben. Schaut sie euch auf diesen beiden Seiten an. Erzählt und spielt.

Kinderwelt

Das Geheimnis

Anna war im Urlaub in den Bergen.
Von dort brachte sie Steine mit:
kleine, glatte Steine,
runde und ovale, grüne und rote,
Steine, auf denen es glitzert und funkelt.
Anna zeigt Marc die Steine.
Marc weiß, wo man schöne Kieselsteine findet.
Von nun an sammeln sie Steine.
Die schönsten verstecken sie
in einem hohlen Baum.
Manchmal holen sie alle Steine heraus
und legen sie vor sich hin.
Niemand sonst weiß,
dass sie schöne Steine sammeln,
dass sie ein Versteck für die Steine haben,
dass sie manchmal die Steine anschauen.
Es ist ihr Geheimnis.

Horst Bartnitzky

Nicht jeder sammelt Steine. Wenn es kein Geheimnis ist, bringe in die Klasse mit, was du sammelst. Gestaltet eine Ausstellung mit euren Sammelstücken.

Fotografiere oder zeichne das interessanteste Sammelstück und klebe das Bild hier ein.

Hingeschaut und entdeckt

Ich weiß nicht, wie es euch geht, ich jedenfalls suche mit Vorliebe nach verschiedensten Baumknorren, Ästen und Zweigen.

Betrachtet man so einen Ast aufmerksam, glaubt man plötzlich, in ihm eine Eidechse zu erkennen, die reglos dahockt.

Und dieser Knorren gleicht einer Hexe mit Hakennase, buckligem Rücken und krummen Händen. Er ist sogar ein bisschen unheimlich!

Nun, und dieser Zweig – er ist einfach nur schön gewachsen. Es gibt viele bemerkenswerte Äste im Wald. Man muss bloß richtig hinschauen.

Juri Dmitrijew

In manchen Bäumen scheinen sich Figuren und Rätsel zu verstecken.
Andere wollen uns scheinbar etwas erzählen.

Suche dir so einen Geschichtenbaum und schau ihn lange an.
Kannst du ein Baumgesicht entdecken und aufzeichnen?
Gehe nun zu deinem Baum, schließe die Augen und berühre ihn mit beiden Händen.
Was hat er dir erzählt?
Schreibe ein Baumrätsel für deine Mitschüler auf.
Wer konnte deinen Baum daraufhin draußen finden?

Abendruh

Worte: Max Kruse

Diese Worte kannst du mit Stimme und Bewegung spielen.

- Ruhe zu finden und Stillsein bedeutet auch achtsame Wahrnehmung. Versuche über zwölf Monate Spuren der Jahreszeiten zu entdecken und gestalte davon ein Jahreszeitenbuch mit Text und Zeichnung.

Text für Seite 12

Kein feiner Mann ist Herr Ivo.
Er tut nur so.
Er hat einen Prügel auf dem
Rücken versteckt.

Der Herr Tono, der tat nur so.
Mit schwarzem Bart und wildem Schal
hat er eine rote Blume versteckt.
Der freundliche Herr Tono.

Text für Seite 29

Streifen umknicken und aufkleben.

„Ich kanns ja gar nicht gewesen sein, weil ich den ganzen Vormittag nicht außerhalb der Klasse war. Nicht einmal auf'm Klo.“
„Nein. Also, ich wars nicht. Wie sollte das denn gehn? Ich bin heute auch noch nicht mal zu spät gekommen. Und in der Pause war auch niemand draußen. Wir waren alle in der Klasse. Ich auch. Es regnete doch in der Pause.“
„Also, wirklich. Wie hätte ichs denn anstellen sollen? Hier! Hier hab ich meine zwei Euro Taschengeld.
Mein Taschengeld. Ich leg sie hier auf den Tisch. Würde ich das machen? Na? Würde ich das machen, wenn ich sie geklaut hätte?“
„Nein, ich wars nicht. Erstens kann ichs gar nicht gewesen sein, zweitens war ichs wirklich nicht. Würde ich dann die zwei Euro vor mich auf den Tisch legen? Na? Also! Mein Vater hat sie mir gegeben, Taschengeld. Ihr könnt ihn fragen. Eigentlich warens drei Euro fünfzig. Ich hab aber nur noch die zwei Euro. Du kannst die zwei Euro haben, Klaus, wenn du denkst, ich hätt sie dir geklaut. Aber ich finds so gemein, dass ihr alle denkt, ich klaue.“

Text für Seite 20

Der Bär, mit bärigem Gebrumm,
verblüfft und auch betreten,
hat in der Tat das Eichhorn um
Entschuldigung gebeten.

„Gut", sprach der Bär, „ich merk es mir!"
(Was Willibald sehr gut tat.)
So kann man auch ein großes Tier
belehren, wenn man Mut hat.

Da sprach das Eichhorn Willibald:
„Schon gut! Schon gut! Doch künftig,
gehst du mal wieder durch den Wald,
sei achtsam und vernünftig!"

Text für Seite 35

neidisch sein	nachdenken	sich einigen
kaputt machen	wieder gutmachen	nachgeben
schlagen	trösten	boxen
umkehren	bestimmen wollen	wegstoßen